Ein lyrisches Schauspiel, mit Musik von Ludwig van Beethoven, von Michalis Avramidis

Titelbild:
Lord Byron auf dem Totenbett,
Ölgemälde von Joseph-Denis Odevaere,
um 1826

1

Eine Theaterdichtung
frei nach der Geschichte
„Bad Byron" GB 1949

Michalis Avramidis

Das Leben des sündigen Poeten, das Sterben des Edelmannes

Herstellung und Verlag
Boks on Demand GmbH, Norderstedt
ISBN 978-3-8391-6962-9

Copyright 2010 1. Auflage ©

Alle Rechte sind dem Autor vorbehalten. Nachdruck, auch auszugsweise, verboten. Kein Teil dieses Werkes darf ohne schriftliche Einwilligung des Autors in irgendeiner Form durch elektronische oder mechanische Systeme, einschließlich Fotokopie, Mikrofilm oder einem anderen Verfahren reproduziert, verarbeitet oder bearbeitet werden. Bühnenaufführungen bedürfen ebenso der schriftlichen Genehmigung.

Bibliografische Information der Deutschen Nationalbibliothek:

Die Deutsche Nationalbibliothek verzeichnet diese Publikation in der deutschen Nationalbibliografie; Detaillierte bibliografische Daten sind im Internet über:

http://dnb.d-nb.de

abrufbar.

Kontakt:
Schriftstellerei@web.de
www.michalis-avramidis.bodautor.de

9 783839 169629

Memoria vestri, memoria tenere!

Eine Theaterdichtung als Hommage der Klang- und Wortdichtung sowie ihren Schöpfern. Denn durch ihr subjektives Empfinden an Leid, welches unsere Welt ausstrahlt, wurden ihre Seelen in Stimmungen der Moll-Töne versetzt. Jenes adaptierte Leid konvertierte zu einer Melancholie, die sich wiederum aus seelischen Tiefen in wahre und ausdauernde Künste transformierten. Jene, mit Freude verfassten literarischen oder akustischen Verarbeitungen des äußeren Erlebens basieren auf leidvollen Erfahrungen. Wahre Freude verspürt jener, der das natürliche Pendant der Trauer kennt. Aus dieser Ambivalenz tritt die Schönheit der Perle in das Licht, indem sie aus der geschlossenen Muschel hervorbricht, ebenso wie das intensive innere Fühlen der äußeren Welt zur tiefen Quelle der hohen Kreativität und Schöpfung wird.

„Auch das ist Kunst, ist Gottesgabe,
aus ein paar sonnenhellen Tagen
sich so viel Licht ins Herz zu tragen,
dass wenn der Sommer längst vergeht,
das Leuchten alle Zeit besteht"

Johann Wolfgang von Goethe

"Die Seele weitet ihre Schwingen,
sie schwebt durch die stille Nacht.
Freiheitstöne erklingen,
der Seelenfrieden ward vollbracht!
Es gleicht den dunklen Kerkern zu
entrinnen."

Lord George Noel Byron

Am 22. Januar 1788 wurde in London der Sohn des hoch verschuldeten Lebemannes –der den Beinamen „verrückten Jack" trug– geboren. Es war der kleine George Noel Byron. Nach dem sich der verrückte Jack, Vater des George Noel Byron das Leben nahm, wuchs der kleine Byron in ärmlichsten Verhältnissen bei seiner Mutter auf. Byron kam mit einer Körperbehinderung, einem Klumpfuß zur Welt. Diese Behinderung schränkte seine motorische Entwicklung im Kindesalter stark ein, was ihn sehr früh zum Außenseiter werden lies. Er vergrub sich oft unter Büchern und las sehr viel. Die bevorzugte Literatur des Knaben lag weit über seinem Altersniveau, dadurch eignete er sich autodidaktisch ein hohes Maß an Wissen an. Mit dem zehnten Lebensjahr erbte der junge Byron den schottischen Adelstitel der Newstead Abtei. Durch die Erhebung in den Adelstand prädestinierte sich der junge hochbegabte Edelmann, als Lord, in der rechtswissenschaftlichen Fakultät der Universität Cambridge einzuschreiben. Die Vorlesungen besuchte der junge Student nur selten, stattdessen schrieb er Verse und Gedichte. Sehr früh begann er sich hoch zu verschulden, ganz in der Manier seines Vaters. Dieses Muster der Geldsorgen sollte ihn den Rest seines kurzen Lebens begleiten.

Lord Byron besaß einen äußerst ambivalenten Charakter. Er war stets ohne Ruhe und immer rastlos, gleichzeitig aber leidenschaftlich und fantasievoll.

Auch im Erwachsenenalter behielt er stets die Rollen des „Außenseiters" und die des „Rebellens" inne. Althergebrachtes lehnte er kategorisch ab und suchte immer gerechte Innovationen. Sein fantasiereicher Dichterschöngeist war stets zu scherzen aufgelegt. Seine Korrespondenzen waren voller Wortwitz und bissiger Ironien. Byron besaß einen ausgeprägten Gerechtigkeitssinn. Er sagte stets, was er dachte, ohne ein Blatt vor den Mund zu nehmen, und nahm bewusst persönliche Nachteile in Kauf. Sein Gemüt war stark sensibel bis sehr leicht verletzlich, er neigte aber gleichzeitig zu cholerischen Wutausbrüchen. Sehr oft zeigte sich eine bipolare Ambivalenzstörung, indem er in seiner euphorischen Schaffensphase jegliche Bodenhaftung verlor, um danach in ein tiefes schwarzes Tal von Depressionen zu fallen, welches er mit Alkohol durchschwemmte. In diesen Phasen war er dem Tod stets näher als dem Leben.

Er betrank sich sehr oft und schoss anschließend mit dem Revolver im Haus wild um sich. Seine Ehefrau (Annabella Milbanke) beauftragte den Arzt, Dr. Francis Le Mann, Byrons Geisteszustand zu untersuchen, da sie fest davon überzeugt war, dass Byron geisteskrank sein musste. Nachdem der Arzt das Gegenteil attestierte, verließ sie ihn für immer. Byron stolperte von Affäre zu Affäre, was seinen ohnehin schlechten Ruf nur noch mehr in Misskredit brachte. Trotz seiner Behinderung wurden die Frauen durch seinen Genius angezogen, wie die Motten vom Licht. Jedoch hielt es keine der Frauen lange an seiner Seite aus und sein öffentlicher Ruf sank immer tiefer. Nachdem Byron seinen Roman „Ritter Harolds

Pilgerreise" fertiggestellt hatte, indem sein Protagonist die psychische Projektion seines Selbst darstellte, wurde er immer beliebter, besonders in der Damenwelt. So ging sein Leben weiter im Rausch der Liebe und des Alkohols über die Bühne.

Seine Neider und Gegner, von denen gab es viele besonders auf dem politischen Parkett –denen Byron seine gesamte Verachtung zukommen ließ– machten ihm das Leben zur Hölle. Sie sahen in ihm einen Vaterlandsverräter, sogar einen Führer der aufgewiegelten Volksmenge, der Armen. Durch diese Ablehnung verstärkte sich zunehmend sein Leidensdruck, bis der Unbeugsame seine Heimat verlies, um sich zu befreien.

Byron zog durch ganz Europa, bis er sich in Venedig niederließ. Es dauerte nicht lang, bis er auch in Venedig politisch aktiv wurde. Er setzte sich für die Menschenrechte und mehr Demokratie ein. Dadurch viel er sehr rasch bei den venezianischen Fürstenhäusern in Ungnade und musste Venedig verlassen. Nach seiner Vertreibung kam er nach Pisa, dort schloss er sich dem italienischen Befreiungskampf gegen die Österreicher an und brachte sich selbst in große Gefahren.

Ein Jahr später bat man dem Philhellenen das Oberkommando der freien griechischen Streitkräfte an. Diese befanden sich im Kampf gegen die osmanische Besatzung. Hier kämpfte Lord Byron mit den Griechen, nach deren Motto: „Freiheit oder Tod", an deren Seite. Lord Byron setzte sein gesamtes Vermögen und sein Erbe für diesen griechischen Befreiungskampf ein.

Im Jahre 1824 starb Byron im alter von 37 Jahren an den Folgen eines Aderlasses aufgrund einer Kampfverletzung in Messolongi Griechenland.

Auf seinem Sterbebett dichtete er seine letzten Worte für seine Wahlheimat Griechenland, in der er seinen Tod fand:

> Was ist mir Ruhm und Ehre, was die Qual,
> in der ein Volk gebiert ein neues Reich?
> Ich stürb' dafür. Doch hätte ich die Wahl,
> ich ließ' die Krone: Lorbeer macht mich reich.
> Ich bin ein Narr der Leidenschaft; einmal
> nur blickst du kalt mich an, ich werde bleich -
> ein Vogel, dem ein Vipernblick befahl,
> herabzustürzen in des Todes Reich.
> So blendend ist, so bannend dieser Strahl,
> so stark dein Zauber - oder ich so weich.

Wegen seines hohen Engagements für die griechische Unabhängigkeitsbewegung ist Byron bis heute in Griechenland bekannt und hoch angesehen. Die nach dem Griechisch-Türkischen Krieg entstandene attische Gemeinde Byronas, wurde 100 Jahre nach dem Tod des großen Dichters zu seiner Ehre nach ihm benannt.

1969 wurde im „Poets Corner" in der Londoner Westminster Abbey eine Gedenktafel für den Lord George Noel Byron angebracht um ihn als Dichter zu verewigen.

Ludwig van Beethoven

Am 17. Dezember 1770 gebar die Tochter eines Kochs und einer Hausfrau, das Zweite von acht Kindern. Dieses Kind sollte eines der größten Genies der Menschheitsgeschichte werden, Ludwig van Beethoven.

Sein Vater spürte schon sehr früh, dass sein Sohn Ludwig ein großer Musiker wie Mozart werden sollte. Im zarten Alter von acht Jahren gab der kleine Ludwig sein erstes Konzert. Sein Musiklehrer erfasste als sensibler Künstler sofort die geistige Tiefe des jungen Ludwigs. Er begriff sofort, dass seine Genialität nicht durch starre Regeln und ein strukturiertes System eingegrenzt werden durfte, und schuf jenen Freiraum, in dem sich der Genius des jungen Ludwigs entfalten konnte, wie die verschlossene Rosenknospe sich zur Blüte entfaltet.

Beethoven entwickelte sehr früh eine stark ausgeprägte Empathie, ein Mitgefühl, das ihn mit den Qualen anderer mitleiden ließ, ihm jedoch auch jene Kraft spendete den Schmerz zu überwinden.

Trotz seiner ausgeprägten Fähigkeit des Mitfühlens war Beethovens Charakter sehr impulsiv. Eine Mischung aus Schüchternheit und Geradheit, Eigensinn und Entschlossenheit, Traurigkeit und Euphorie sowie der große Wunsch geliebt zu werden. Er redetet nie viel, doch wenn er etwas sagte, schmetterte er seine Meinung Anderen schonungslos ins Gesicht. Beethoven war ein stets hilfsbereiter Mensch, der für andere Menschen mehr tat, als jemals für sich selbst, er besaß ein edles Herz. Nicht nur der Musik widmete er seine Aufmerksamkeit, der Musiker und Komponist war sehr wissensdurstig, er las viel und war stets mit der Läuterung seines Geistes und seiner Seele beschäftigt. Auf seine Mitmenschen wirkte er arrogant, da er stets verträumt spazieren ging und die Ruhe der Natur aufsuchte. Er selbst sagte, dass ihm vieler seiner größten Werke, von der Natur zugeflüstert wurde, die er so liebte. Dieser Philanthrop konnte aber auch eine unermessliche Verachtung gegenüber den Menschen aufbringen, sodass ihn viele für einen grimmigen Misanthropen, mit soziophatischen Zügen, hielten.

Mit Ende des zwanzigsten Lebensjahres trat ein trauriges Phänomen ein. Ein Rauschen breitete sich in seinem Gehör aus und Beethoven verstand akustisch seine Mitmenschen nicht mehr, wenn sie mit ihm sprachen. Beethoven war sich seiner Genialität im vollen Umfang bewusst, die eintretende Taubheit musste ihn wie ein Schlag getroffen haben. Er sprach mit niemand darüber, litt mehr und mehr an Depressionen und wurde seines Lebensmüde, was bis zur Selbsttötungsabsicht führte. In einem Abschiedsbrief (Heiligenstädter Testament) schrieb er: „O, Ihr Menschen, die ihr mich für feindselig, störrisch oder misanthropisch haltet oder erklärt, wie unrecht tut ihr mir! ... Mein Herz und meine Sinne wurden von Kindheit an für das zarte Gefühl des Wohlwollens geöffnet ... o, wie hart wurde ich durch die doppelte traurige Erfahrung meines schlechten Gehörs zurückgestoßen, und doch war´s mir nicht möglich, den Menschen zu sagen: sprecht lauter, schreit, denn ich bin taub". Jene Depressionen, dem Tod näher als dem Leben, ließen jedoch das Genie in ihm explodieren. Die meisten seiner Kompositionen, zuvor machte er sich einen Namen als genialer Pianist, schuf er während seiner Taubheit. Es war die tragische Geistesmühe, die zu den verzaubernden Klängen seiner inneren Stille wurden. Die Klangdichtung eines genialen Komponisten der seine eigene Musik nicht hören konnte, sie jedoch fühlte und aus seiner Seele gebar.

Wie oft bei genialen Menschen haben sie eine außergewöhnliche Anziehungskraft auf Damen, die charakterlich und intellektuell keineswegs zu ihnen passen. Beethoven verliebte sich sehr schnell und sehr oft in die falschen Frauen. Die meisten waren oberflächliche, egoistische Gören, welche die Leidenschaft eines Genius wie Beethoven niemals würdig waren. Beethoven durchlebte der Liebe wegen, schwere sentimentale Krisen. Die ungarische adelige Theresa sollte Beethoven bis zu seinem Tode lieben. Obwohl diese Liebe nicht von Glück beseelt war, Theresas Mutter unterband den Kontakt zu Beethoven, weil er aus keinem Adelsgeschlecht hervor ging und obendrein noch ein armer Künstler war. Noch Jahre später, kurz vor seinem Tod beobachtete ein Freund, wie er ein Bild von Theresa ans Herzen drückte, auf dem seine Geliebte geschrieben hatte: „Dem seltenen Genie, dem großen Künstler, dem guten Menschen".

Kurz vor seinem Tod, vollendete Beethoven die Krönung seines Schaffens, die 9. Symphonie, welche zur Nationalhymne der Europäischen Union wurde.

Mit der 9. Symphonie wandte sich das taube Genie an die Menschheit, um ihnen den Weg zu sublimen Höhen der Brüderlichkeit und der Freude zu zeigen. Den Text hierfür schrieb der Dichter Friedrich Schiller.

Am 26. März 1827 lag Beethoven sterbend in seinem Bett, als plötzlich über Wien ein schweres Gewitter niederging. Der Himmel war schwarz und von leuchtenden Blitzen zerrissen. Das sterbende Genie Ludwig van Beethoven streckte seinen Arm in die Höhe und schrie laut: „Applaus, Freunde, die Komödie ist zu Ende!" Danach sackte der große Geist in sich zusammen und sein letzter Atemzug trug seine Seele davon.

„Es gibt nichts höheres,
als sich Gott mehr
als andere Menschen zu näheren
und von hier aus die Strahlen
Gottes unter dem
Menschengeschlecht zu
verbreiten … Wahre Kunst aus
der Seele bleibt unvergänglich."
Ludwig van Beethoven

Gott denkt im Genie!
Gott träumt im Dichter!
Gott singt im
Klangschöpfer!
Gott schläft im Rest der
Menschen!

Prologos

Die Bohemien

Musikanten, Dichter, Maler allesamt Lebensvagabunden.
Beschäftigen sich oft allein nur mit sich viele Stunden.

Sie inspirieren sich an tiefer Wahrheit, wie am schaurigen
Leben.
Gedanklich tauchen sie in ungeahnten Tiefen, fühlen und
erleben.

Augen gefüllt mit wahren Tränen, mit Trauer aus ihrer
Sicht das Leben malen.
Aus Schöpfers Sicht betrachten sie das Leben, mit all der
Freud und all den Qualen.

Die Bohemien, die Verrückten, die aus eurer Sicht nur
spinnen.
Einsam beim Schöpfen aus der Seelen Tiefen jedoch stets
komplett bei Sinnen,

Deren Geist mal hier mal da, nie in Ruhe, nie im Stillstand,
nie am stehen.
Die Bohemien, fein im Fühlen, Wesentliches sehend, nicht
leicht zu verstehen.

Ausgetretene Pfade der Massen, keine Wege den die
Bohemiens beschreiten,
natürlich oft allein ohne Ruhm und Geld, begleitet von
Pech und Pleiten.

Doch ihre Schöpfung, ist ein Kind, geboren aus intensiven
Leben.
Ihr Leben ist das Schöpfen, das Seelen höchst bestreben.

Der Bohemien Leben bestimmt ihr Tun und Handeln.

Ihr Handeln und Tun ist die Kunst als Spiegel des wahren
Lebens.
Erkenne darin die Wahrheit des Lebens damit unser
Dasein, war nicht vergebens.

(Michalis Avramidis)

*Der Begriff **Bohème** bezeichnet eine Subkultur von intellektuellen Randgruppen – in denjenigen Industriellen oder sich industrialisierenden Gesellschaften des 19. und 20. Jahrhunderts, die ausreichend individualistischen Spielraum gewähren und symbolische Aggressionen zulassen – mit vorwiegend schriftstellerischer, bildkünstlerischer und musikalischer Aktivität Diese Art zu leben ist vor allem verbreitet in Künstlerkreisen, wie z. B. bei Malern, Dichtern und Literaten. Ein Leben, das häufig als authentischer, eigenständiger, ursprünglicher und weniger entfremdet erlebt wurde. Die Motive und Hintergründe für einen solchen Lebensstil sind vielfältig. Der Wunsch, die bürgerlichen Werte und Normen, die als einschränkend erlebt werden, zu überwinden und natürlich die leidenschaftliche Hingabe an die Kunst, selbst wenn sie nicht zum Broterwerb reicht.*

Lord Byron liegt sterbend in seinem Sterbebett. In seinem Geist betrachtet er seine Lebensrückschau als Totengericht.

Lord Byron: Es ist nun Zeit um zum Sterben. Meine Rolle neigt dem Ende. Der Vorhang fällt, meine Zeit ist verflossen. Gewahr mir seither war, diese Welt nach dem 37. Lenzen im Sommer des Lebens hinter mir lassen. Mich reut keinen Tag, denn durchdringbar nahm ich mein Leben wahr. Ich habe das Leben von Herzen über und werde nun die Stunde der Erfüllung Willkommen heißen, in der ich von dannen scheide. Nur wenige Menschen können schneller leben, als ich es tat.
Wir alle leben unseren Traum, Träume leben in uns. Wir leben in einem langen Traum. In einem langen Schlaf weilt unser kurzes Leben. Erwacht mit neuem Mut! Sie weilt nicht lange die dunkle Nacht. Aus Dunkelheit erwacht das Licht, freundlich erneut der helle Morgen wacht!

> Ein letzter Kampf, und ich bin frei!
> Ein Seufzer noch der Leib´und dir,
> Dann ist die wilde Qual vorbei,
> und wieder liegt die Welt vor mir.
> Willkommen nun Geräusch und Tand,
> Willkommen, was ich einst geflohn´;
> Wenn auch des Lebens Lust verschwand,
> kein Schmerz kann mich hinfort bedrohn.

Bald wird mein Geist entfliehen, mein Blut wird erkalten. Es bleibt auch mir das Sterben nicht erspart, doch etwas gibt es von mir, das bleibt erhalten. Was ich schrieb, nach mir wird es sich entfalten.

Musik: Beethoven Opus 84: Ouvertüre d´ Egmont.
Zischendes Weibes Geschrei: „Taugenichts, Betrüger, Lügner, Schuft, Habenichts, Weiberheld, Herzensbrecher, Trunkenbold, Versager, Träumer Feigling ...

Richter: Ist es wahr? Oder ist es nicht wahr? Das ist hier die Frage! Ist der Angeklagte namens Byron würdig die Himmelsleiter zu erklimmen, um im Himmel der großen Dichter verewigt zu werden oder schicken wir ihn zu den Teufeln, zu den Tagedieben, Taugenichtse und Tunichtgute?
Soll er der Menschheit als selbstloser Freiheitskämpfer in Erinnerung bleiben, oder als ein Schurke in die Vergessenheit geraten? Soll er der Menschheit als großer Poet in Erinnerung bleiben oder soll er als sündiger Trunkenbold vergessen werden? Soll er der Menschheit als Verfechter und Streiter der Gerechtigkeit in Erinnerung bleiben, oder soll er als Weiberheld und Schürzenjäger in Vergessenheit geraten?
Das ist hier die Frage. Ist es wahr oder ist es nicht wahr?
……..
Ich erteile der Anklage das Wort.

Ankläger: Hohes Gericht, Ehrenwerter Vorsitzender, die Anklagevertretung ist der Nachklang eines räudigen Lebens. Mehr als Hundert Frauen soll der Angeklagte geliebt haben, mehr als hundert Frauen soll der Angeklagte verletzt haben. An mehr als hundert Seelen hat er sich vergangen.
Darüber hinaus ist der Schuldenbaron ein Taugenichts und ein Trunkenbold, der im Antlitz des stillen Begleiters Gevatter Tod zitternd wie ein räudiger Hund im Sterbebett liegt. Denn der Welt ist bekannt: der größte Säufer und Hurenbock zittert auch noch im Todesrock. Der Angeklagte ist ein lasterhafter Sünder, der nichts Gutes verdient. Hohes Gericht, Euer Ehren.

Richter: Führt mir den Angeklagten vor.

Musik: *Beethoven Opus 72c: Fidelio Gefangenen Chorus. Lord Byron erhebt sich aus dem Sterbebett und tritt vor das Gericht.*

Richter: Angeklagter, haben sie die Anklage verstanden?

Lord Byron: Ja, Euer Ehren, das habe ich.

Richter: So soll es dem Angeklagten gestattet sein, sich dem hohen Gericht in Person vorzustellen.

Musik: *Beethoven Opus27 Nr.2 Sonate Nr.14 Mondscheinsonate als Hintergrundbegleitung.*

Lord Byron: Ich war viele gewesen und werde viele werden, Euer Ehren, hohes Gericht.

Weltenwandler erfreue dich deiner Existenz,
erfreue dich an deinem Leiden und an deiner Freude.
Es ist deine eigene Existenz.
Erfreue dich an deinem Wandeln,
ein Wandeln in ewiger Wiederkehr.

Richter: Der Angeklagte soll sich in Person dem Gericht mit seiner Identität vorstellen.

Lord Byron: Meine Gesichter waren viele und ebenso die Rollen in meinem Leben, hohes Gericht. Man nennt mich Lord George Gordon Noel Byron sechster Baron von Rochdale. Am 22. Januar in Anno Domini 1788 wurde ich in London England der Welt gewahr, und heute am 19. April in Anno Domini 1824 liege ich in Mesolongi im Helenenland im Sterben.

Richter: Angeklagter, warum sind sie fern der englischen Heimat, um zu sterben?

Lord Byron: Meine Heimat, Euer Ehren, sind meine Füße. Wo meine Seele sich geborgen fühlt dort kommen sie zum stehen, dann unterlassen sie das weitere Gehen.

Seid mir willkommen, Meer und Luft!
Und ist die Fahrt vollbracht,

Seid mir willkommen, Wald und Kluft!
Mein Vaterland - gut Nacht!

Richter: Angeklagter, was trieb sie in das ferne Helenenland? Sie sind dem hohen Gericht Rechenschaft schuldig!

Musik: *Beethoven Opus27 Nr.2 Sonate Nr.14 Mondscheinsonate als Hintergrundbegleitung.*

Lord Byron: Wo das Unrecht wirkt, bin ich nicht fern. Doch nicht, wie viele glauben, zu meinen, weil ich ein Kind des Unrechts bin, sondern weil mein Gemüt einem Verfechter der Gerechtigkeit gleicht. Der Kämpfer der Nemesis, ein Krieger des Lichtes.

Weltenwandler, setze nicht das Ziel auf deinem Weg,
Dein ureigen Ziel ist Dein Lebensweg.
Beschreite ihn mit all der Last auf deinen Schultern,
lass Vorsicht walten, es gibt Gefahren.
Verschenke Vertrauen, es kommt zurück.
Behalte das Gute in Sicht, es zeugt von hohen Idealen.

Richter: Angeklagter, ihre Zeit zur Verteidigung ist noch nicht gegeben. Antworten sie dem hohen Gericht auf seine Fragen! Von welchem Unrecht reden sie?

Lord Byron: Helenenland, Euer Ehren, jene Wurzel unserer abendländischen Kultur sollte nicht verdorren, durch das schwarze Wasser der Tyrannei. Jenes Volk, der Philosophen und der großen Tragödiendichter, war geknebelt von Osmannenhand. Meine Verpflichtung war die Seite der Gerechtigkeit zu wählen, um unser Erbe, den Kulturschatz zu erhalten. Die Werke der alten Schreiber, die Freiheit des Volkes!

Was ist mir Ruhm und Ehre, was die Qual,
in der ein Volk gebiert ein neues Reich?
Ich stürb' dafür. Doch hätte ich die Wahl,

ich ließ' die Krone: Lorbeer macht mich reich.
Ich bin ein Narr der Leidenschaft; einmal
nur blickst du kalt mich an, ich werde bleich -
ein Vogel, dem ein Vipernblick befahl,
herabzustürzen in des Todes Reich.
So blendend ist, so bannend dieser Strahl,
so stark dein Zauber - oder ich so weich.

Man schreit mich aus, ich sei lasterhaft, man schreit mich aus, ich sei ein Trunkenbold, man schreit mich aus, ich sei ein Schürzenjäger. Ich liebe das Schöne, die schönen Frauen, die schönen Klänge, den Rausch und seine Gesänge, die Liebe und geflügelte Worte. Die Schöne, die zarte Poesie, Liebe und Mitgefühl geben Wärme, sie bringen die Herzen zum schmelzen und vertreiben die innere Kälte, jene, welche die Menschen gefroren gefangen hält.

Richter: Angeklagter, was ist ihr ausgeübter Beruf?

Musik: *Beethoven Opus27 Nr.2 Sonate Nr.14 Mondscheinsonate als Hintergrundbegleitung.*

Lord Byron: Es waren ihrer viele, Euer Ehren. Ich bin Krieger, Freiheitskämpfer und vor allem aber ein Poet.

Weltenwandler, wandel durch die Welten.
Weltenwandler, lausche den Klängen der inneren Stille,
sie geben dir Kraft, für das Laute, für die äußere Hast.
Weltenwandler, dein Handeln gleicht so deinem Wandeln,
das Wirken gleicht so der Harmonie des inneren Friedens.

Der oberste Sternenrichter, der majestätische Schöpfer, schenkte mir die Gottesgabe der Dichtkunst, jene Bilder, jene lebendige Sprache der Seele. Er machte aus mir den Sternendichter. Zum gleichen Teil schuf er einen lasterhaften, einen Sünder. Eine Seele bestehen aus Licht und Schatten, hell und dunkel.

Richter: Angeklagter ist ihnen bekannt, was ihnen zur Last liegt?

Lord Byron: Ja, Euer Ehren und hohes Gericht, mir ist die Anklage bekannt. Mein Schöngeist macht schöne Sprüche, doch ein Sprüchemacher ist mein Schöngeist nicht. Mit Engelsgeduld erwarte ich den Richterspruch.

Richter: Der Anklagevertreter rufe den ersten Zeugen auf.

Ankläger: Lady Caroline Lamb.

Während Byron spricht, wird er durch die Musik begleitet.

Musik: *Beethoven Opus 133 in B-Dur. Große Fuge.*

Lord Byron:
> Dein Name umklingt mich
> wie Totengeläut.
> Ein Schauer durchdringt mich,
> als liebet ich noch heut.
> Wie gut ich dich kannte,
> wem ist es bewusst?
> Wer weiß? Wie in mir brannte,
> vor Reue die Brust
> Verstohlen beweint,
> das du mich vergessen,
> verraten den Freund!
> Nach langem Büßen,
> wenn Jahre herum,
> wie soll ich dich grüßen?
> In Tränen und Stumm.

Richter: Zeugin, ihren Namen bitte?

Lady Caroline: Caroline Lamb, Euer Ehren.

Richter: Ehestand?

Lady Caroline: Verheiratet mit Baron Lamb, Euer Ehren.

Richter: Zeugin Lady Caroline Lamb kennen sie den Angeklagten?

Lady Caroline: Ich kenne ihn, in und auswendig, Euer Ehren.

Richter: Woher kennen sie den Angeklagten, Lady Caroline Lamb?

Lady Caroline: Ich lernte Byron auf einen Ball kennen, Euer Ehren.

Richter: Erzählen sie dem hohen Gericht die Begebenheit, Lady Caroline Lamb.

Lady Caroline: Byron stand inmitten einer Schar lüsternen und schnatternden Gänsen, die in umgarn-ten und begierig umschlungen. Seine Blicke jedoch hatten längst meine Person eingefangen, die Abseits stand, Euer Ehren. Im Morgengrauen, als der Ball vorüber war, stand ich im leeren Ballsaal, denn ich spürte das Band der Seele, wie es sich zusammenzog und Byron an mich band.

Szene ist im Ballsaal. Musik ertönt im Hintergrund.

Musik: *Beethoven Opus 73 Pianoconcerto Nr.5 in e-moll*

Lord Byron: Lady Caroline Lamb, warum meiden sie meine Nähe? Sie, ein solches Geschöpf, so engelsgleich. Wie des Frühlingserwachens steigt in mir das Glück empor, beim Anblick der Blüte, mit der Sonne zarten Lächelns.

Lady Caroline: Oh, Sie wurden zu sehr in Anspruch genommen. Nett umkleidet es mich nicht, inmitten einer solchen Weiberschar. Ich genieße den Mondschein, seinen kalten Blick, sein kühles Lächeln.

Lord Byron: Seit ich Euch nun kenne, Lady Caroline, möchte ich nur noch von Euch verehrt werden, das ist mir die höchste Ehre, Mylady.

> Also, schwärmen soll ich nimmer,
> Schwärmen in die späte Nacht.
> Wenn das Herz auch liebt wie immer,
> Und der Mond noch freundlich lacht.

Lord Byron übergibt Lady Caroline eine Rose.

Lady Caroline: Eine Rose, mein Lord, inmitten des Winters kalten Augenblick?

Lord Byron: Alles, was schön und selten ist, wird von mir geliebt. Sie meine Lady besitzen das Wesen des Einmaligen, eine Rose ist in des Winters kalter Zeit, im Gegensatz zu Ihnen, doch nur selten.

Lady Caroline: Sie Charmeur, sie schenken mir eine Rose und blumige Worte. Sie verstehen wohl das Wesen der Liebe?

Lord Byron: Der Liebe ist die Vergangenheit und ihre Verletzungen ebenso fremd wie die Zukunft und ihre Hoffnungen. Wie eine auflodernde Flamme verwirklicht sich die Liebe im Augenblick und offenbart ihre Schönheit in ihren glühenden Farben.
Das Wesen dieser Rosenknospe ist dasselbe wie das der Liebe. In der Hingabe öffnet sie sich, damit die Blüte ihre Schönheit in der Farbe der Liebe offenbart. In ihrem feurigen rot liegt die Kraft, welche die Menschenherzen heiß entflammen und den Augenblick erhitzen. Und wenn wir ihr zartes Wesen nicht behutsam berühren, im Augenblick in dem die lodernden Flammen zum heiligen Feuer der Einheit werden, dann verbrennen wir uns die Finger ... Wir verletzen uns an ihrer Wehrhaftigkeit, welche ihre Schönheit und Zartheit mit ihren spitzen

Dornen umkleidet … Dornen, welche sich tief und schmerzend in unser Fleisch bohren. Die heiß lodernde Begeisterung schwindet durch den Schmerz, der das rote Blut durch die Öffnung der Verletzung rinnen lässt … Das Feuer erlischt, die Herzen erkalten und verhärten und die heißen Gefühle gefrieren. Aus der heißen Liebe wird der kalte Hass, der unsere Seelen austrocknen lässt.

Lady Caroline: Oh, mein Lord, mir scheint es, als haben sie in das Wesen der Liebe hinein geblickt.

Lord Byron: Die wahre Liebe, Mylady, ist eine seltene Perle, welche ich in ihren Anmut bewundere und bestaune …

Lady Caroline: Sie lieben alles Seltene! Alles? Rosen? Perlen? Wie ist es mit dem Einmaligen, wie lieben sie es? Das ist alles nicht logisch.

Lord Byron: Das Leben, Mylady, sollte nicht voller toter Logik sein. Das Leben sollte voller lebendiger Poesie sein. Die Einstellung zum Leben sollte poetisch sein. Logik ist trocken, Logik ist kühl. Poesie ist lebendig, Poesie ist warm. Logik kann nicht tanzen, sie ist starr. Poesie kann tanzen, Poesie ist der Tanz des Herzens. Logik kann nicht lieben; sie kann nur von Liebe reden, doch die Liebe scheint unlogisch zu sein. Poesie ist Liebe, ist Mitgefühl, sie geben uns Menschen die innere Tiefe und die innere Wärme, sie lassen uns schmelzen und vertreiben die Kühle der Logik aus unseren Herzen, sie vertreiben die Trockenheit der Logik aus unseren Seelen und lassen sie prachtvoll in den Farben des Glückes erblüh´n.

Lady Caroline: Mein Lord, entsagen sie ihrer eigenen Welt, der Welt der Träume!
Erwachen sie im wirklichem Leben, der Welt der Logik!
Das Leben ist eine mathematische Gleichung und nur durch ihre Berechnung gelangen wir an das Ziel.

Musik: *Beethoven Opus 73Pianoconcerto Nr.5 in e-moll als Hintergrundbegleitung.*

Lord Byron:

> Es kann kein Dichters Mund mit Worten malen
> mit Logik der inneren Hölle Folterqualen

> Liebe liebt den Sternenschimmer,
> Und zu schnell entflieht die Nacht,
> Aber schwärmen werd` ich nimmer,
> Wann der Mond am Himmel wacht.

Lady Caroline: Man erzählt sie seinen lasterhaft! Man erzählt sie hätten ein Harem! Man erzählt sie schmissen eines ihrer Sklavenmädchen verschnürt in einem Sack in den Bosporus. Ist das wahr?

Lord Byron: Alle Wahrheit ist zur Hälfte wahr. Einen Sack besaß ich wohl, doch ein Sklavenmädchen besaß ich nie. Die Ufer des Bosporus luden mich zum sinnieren ein, um eins zu werden mit der Schöpfung der Natur, um den Schöpfergeist im eigenen Leibe zu beleben.
Doch man sagt, man sagt, und sagt immer noch. Und solange die Menschen es sagen, über mich, spüre ich meine Existenz.

Lady Caroline: Man erzählt auch sie seien ein Raufbold, duellieren sich und schaffen es dabei eure Gegner zu töten. Die Menschen denken schlecht über sie. Ist das wahr?
Die Menschen denken schlecht über sie.

Lord Byron: Ein Streiter der Gerechtigkeit, der bin ich wahrlich, um des Gerechtigkeitswilles kämpfe ich, wohl es ist wahr!
Die Klügsten haben wie die ärmsten Schächer so schwache Stunden, dass den Schädel man ein-schlagen kann mit deren Frauen Fächer.

Schlecht dürfen die Menschen über mich denken, schlecht denken ist allemal besser als überhaupt nicht denken.

Lady Caroline: Man sagt sie seien lasterhaft, sie seinen eine Gefahr für ein jedes Frauenherz. Ist es wahr?

Lord Byron:

> Denn das Schwert zerstört die Scheide,
> und das Herz verzehrt die Brust,
> und der Ruh` bedürfen beide,
> unser Lieb` und unsre Lust.

Musik: *Jacques Offenbach, Walzer „Die Bacarolle", aus Hoffmanns Erzählungen.*
(Lord Byron und Lady Caroline wenden sich voneinander ab und lassen sich ihre Blicke wieder finden, im Rhythmus der Musik. Sie bewegen sich zueinander, obwohl beide ihre Blicke voneinander abwenden –ein hin- und hergerissen–, bis sie sich berühren. Sie beginnen leicht, fast schwebend, den Walzer zu tanzen. Lord Byron küsst Lady Caroline zärtlich auf die Lippen).

Kann ich ihren Maßstab der Vollkommenheit entsprechen?

Lady Caroline: Als Dichter sehr wohl. Als Mann nur zweifelhaft!

Szene wechselt zurück in den Gerichtssaal.

Musik: *Beethoven Opus 27 Nr.2 Sonate Nr.14 Mondscheinsonate als Hintergrundbegleitung.*

Lord Byron:

Weltenwandler, Zufriedenheit liegt nie im Vergleich,
es gibt immer ein Vorne und ein Hinten,
ein Oben und Unten.
Zufriedenheit liegt im Inneren, in der Stärke,

auf dem Weg zur Vollkommenheit.
Weltenwandler, übe Zufriedenheit dem Erreichten.
Der Zeiten Wandel ist dein Werden.
Zeige Bescheidenheit, beginne zu teilen.
Betrachte das Glück im Inneren Gedeihen,
sehe die Welt im äußeren heilen.

Richter: Lady Caroline Lamb, sahen sie den beschuldigten Lord Byron nach dem besagten Abend jemals wieder?

Lady Caroline: Selbstverständlich, Euer Ehren, nach jenem vielversprechenden Abend konnte man uns überall sehen.

Richter: Lady Caroline Lamb, hat sich das Verhalten des Angeklagten ihnen gegenüber verändert, oder trug er sie weiterhin mit seinen geflügelten Worten auf seinen Händen?

Lady Caroline: Ja, Euer Ehren, sein Verhalten hat sich geändert, er begann mich schändlich zu behandeln.

Richter: Warum verließen sie ihn nicht?

Lady Caroline: Weil meine Liebe mich an ihn fesselte. Meine Liebe nahm mir die Freiheit ihn zu verlassen. Meine Liebe machte mich zur Sklavin.

Richter: Was verstehen sie unter schändlich, Lady Caroline Lamb?

Lady Caroline: Hunderte Beispiele kann ich euch nennen, Euer Ehren.

Richter: Eines dürfte dem hohen Gericht wohl zu genüge sein, Zeugin Caroline Lamb.

Lady Caroline: Wir befanden uns in seinem Arbeitszimmer, als er ein neues Gedicht beendet hatte.

Szene im Arbeitszimmer

Musik: *Beethoven WoOpus.59 in a-moll „Für Elise" als Hintergrundbegleitung.*

Lady Caroline: Oh, mein großer Dichter, so lasst mich euer neues Werk betrachten.

Lord Byron: Euer Wunsch sei mir Befehl, Teure, meine Königin des Herzens.

Lady Caroline nimmt das Gedicht drückt es voll Freude an die Brust und liest es laut vor, mit einen erwartenden lächeln.

Lady Caroline:
Sie gleicht dem Stern in finsterer Nacht,
der fern am Himmel lockend scheint.
Ihr Antlitz bringt der Weltenpracht,
Mythos und Traum in ihr vereint.
Ein Mondschein zartes Filigran,
Und du denkst es sei der Schönheit purer Wahn.
Wie weich ihr Mund, wie stolz ihr Gang,
wie sanft ihr schwarzes Haar sich deckt,
mit wie viel Anmut schlank und rank.

Lady Caroline zerreißt voller Wut das Blatt.

Lady Caroline: Wer ist sie? Die schwarzhaarige Schönheit? Gewiss nicht ich, den mein Haupt wird von blonder Pracht bedeckt.

Lord Byron: Es gibt sie nicht, sie ist eine Gestalt aus meiner Fantasie, aus meinem Dichtergeist wurde sie geboren.

Lady Caroline: Belügen sie mich nicht. Es ist die schöne Heriet, sie hat ein schwarzes Haupt und heute sind sie doch bei ihr geladen?

Lord Byron: Jawohl, heute bin ich bei jener geladen, wie hundert andere ebenso.

Lady Caroline: Oh, mein Geliebter, bitte nehmt mich mit. Mein Liebesdürsten schnürt mir die Kehle ab, meine Seele bekommt keine Luft.

Lord Byron: Aber nein, Lady Caroline, zeigen sie Vernunft.

Lady Caroline: Wenn sie es mir verweigern sie zu begleiten, dann werde ich selbst als wild gewordene Stute dort hinreiten.

Lord Byron: Aber nein, Lady Caroline, das dürfen sie mir nicht antun.

Lady Caroline: Dann dürft ihr nicht auf dieses Fest. Bleibt hier, bleibt bei mir. Ich bin doch auch voller Schönheit. Dichtet über mich, dichtet über meine Schönheit, die euch gehört.

Lord Byron:

Ein Antlitz, zart und filigran,
ein Engelslächeln umhüllt in Scham.
Blutrote Lippen,
sie vernehmen mein stummes Bitten.

Ihr Körper bebt, ich kann ihn spüren.
Ihre Waffen sind das Verführen.

Auf dem Parkett der Liebe tanzen unsere Seelen,
laute Schreie erklingen aus meiner Seele, es ist das Quälen.

Lautlos vernimmt meine Seele dein stummes Gelächter.
Sie, sie sind eine von diesen! Ein unbarmherziger
Höllenwächter!

Lady Caroline: Aber was reden sie? Ich bin doch kein Höllenwächter. Meine Schönheit lege ich euch zu Füßen.

Lord Byron: Schönheit ist des Weibes Waffe, sie verleiht ihnen Macht. Je attraktiver sie sind, je mehr Macht besitzen sie über des Mannesseele. Welches Weib will keine Macht? Euer Leben lang strampelt ihr euch ab, um Macht über der Männerseelen zu erlangen.

Zu spät, ich werde gehen, ich werde mein Wort nicht brechen. Ich werde alleine gehen, wie ich geladen bin. Ich entziehe meinen freien Geist Euren Machtgelüsten und Herrschsucht.

Lady Byron: Ich bin die Schönste, nehmt mich, ich bin Euer.

Lord Byron: Alles Rouge der Welt, äußerlich aufgetragen, vermag nicht den Schmutz im Inneren zu überschminken. Des Dichters Auge blickt nicht auf die Schönheit Wesens, des Dichters Auge blickt in des Wesens Schönheit.

Weltenwandler, setze nicht das Ziel auf deinen Weg,
dein ureigen Ziel ist dein Lebensweg.
Beschreite ihn mit all seiner Last auf deinen Schultern,
lass Vorsicht walten, es lauern Gefahren.
Verschenke das Vertrauen, es kehrt irgendwann zurück.
Behalte das Gute in Sicht, es zeugt von hohen Idealen.

Szene ist wieder im Gerichtssaal.

Richter: Lady Caroline Lamb, was machte der Beklagte, ihre Liebesaffäre, Lord Byron, ging er alleine auf das Fest, um sich alleine zu amüsieren?

Lady Caroline: Er ging alleine, Euer Ehren, doch ich folgte ihm heimlich. Mein Liebesverlangen trieb mich voran.

Lord Byron:

Weltenwandler, das Lernen sei dir stets bewusst.
Was du nicht mit Freude lernst, lernst du durch das Leiden.
Täusche niemand anderen, dabei täuscht du nur dich selbst.

Was außen ist, herrscht innen, was innen ist, herrscht außen.
Das Hohe entstammt dem Licht der Wahrheit,
das Niedere entstammt dem Dunkel des Irrtums.
Die große Einheit steht oben, die Alleinheit steht unten.

Musik: *Beethoven Opus 65.1 Sinfonie Nr.5 in cis-moll als Hintergrundbegleitung.*

Szene Ballsaal. Man hört Musik, Lord Byron tanzt und lacht. Lady Caroline beobachtet ihn, tritt hervor zerschmettert ihr Glas und schneidet sich mit dem zerstörten Glas die Pulsadern auf.

Lady Caroline: Byron, Sie Schuft! Sie untreue Seele! *(Schneidet sich ihre Pulsader auf. Alles verharrt.)*

Szene Gerichtsaal.

Richter: Lady Caroline, warum führten sie sich in jener Nacht solche Verletzungen zu?

Lady Caroline: Weil ich ihn liebte, Euer Ehren, ich wollte in jener Nacht aus dem Leben scheiden. Zu eng war der Kerker des Verlangens, welcher mich umgab.

Verteidiger: Einspruch, Euer Ehren!

Richter: Einspruch stattgegeben!

Verteidiger: Liebe, Euer Ehren, ist Macht! Sie ist ein Geschenk! Liebe gibt man, ohne zu erwarten. Das Verlangen ist Selbstsucht.

Ankläger: Einspruch, Euer Ehren!

Richter: Einspruch stattgegeben!

Ankläger: Die Zeugin, Lady Caroline, wurde geladen um ihre Gefühle dem hohen Gericht preis zu geben. Was sie sagte, hat sie so empfunden.

Lady Caroline, warum wollten sie aus dem Leben scheiden?

Lady Caroline: Alles Glück, das Byron mir schenkte, mit seiner Anwesenheit an meiner Seite, nahm er wieder mit, als er mich verließ. Achtlos und unglücklich fühlte ich mich, als sei meine Seele geschändet.

Ankläger: Als sei ihre Seele geschändet! Danke, Lady Caroline. Hohes Gericht, ich habe keine weiteren Fragen.

Richter: Die Anklagevertretung hat keine weiteren Fragen, hat der Beklagtenvertreter noch Fragen?

Verteidiger: Hohes Gericht, ich habe eine Frage, Mylord. Lady Caroline, weil sie sich unglücklich fühlten, wollten sie sterben, habe ich das richtig verstanden?

Ankläger: Einspruch, Euer Ehren!

Richter: Einspruch nicht stattgegeben. Zeugin Lady Caroline, antworten sie dem Verteidiger.

Lady Caroline: Ja.

Verteidiger: Haben sie sich in das Handgelenk geschnitten, Lady Caroline?

Lady Caroline: Ja, das habe ich.

Verteidiger: Wenn sie sterben wollten, Lady Caroline, warum schnitten sie sich in das Hand-gelenk? Warum schnitten sie sich nicht die Kehle auf, alleine zuhause? Wollten sie durch ihr Handeln und Tun nur die Aufmerksamkeit auf sich lenken? Wollten sie nicht nur eine Besitzmacht auf den Beklagten ausüben? Wollten sie ihn nicht nur zwingen sie wiederzusehen? Wollten sie seine Seele unfrei machen?

Ankläger: Einspruch, Euer Ehren!

Richter: Einspruch nicht stattgegeben. Antworten sie dem Verteidiger, Zeugin Lady Caroline Lamb.

Lady Caroline: Nein, das wollte ich alles nicht! Nein, das wollte ich alles nicht! Es war nur die Liebe!

Verteidiger: Es war nur die Liebe, sagten sie! Warum verfolgten sie ihn Tag und Nacht? War es die Liebe oder die Eifersucht einer Hungerseele, die sie trieb, Lady Caroline?
Wissen sie, was wahre Liebe ist?

Lady Caroline: Ja, das weiß ich. Die Liebe ist der Schmerz, welchen ich empfand.

Verteidiger: Nein, verehrte Zeugin. Der Schmerz und das Leid, das sie empfanden, ist ihre Eigensucht und Missgunst ihres Gegenübers. Die Resonanz ihres nicht erfüllten Machtwillens. Das war keine Liebe, das war die Selbstverliebtheit. Die wahre Liebe ist nicht zu besitzen wie die Liebe als Ware. Die wahre Liebe will nicht verändern und nicht besitzen, sie stellt keine Bedingungen. Will Gott sie verändern, Zeugin Lady Caroline? Nein! Denn das ist die wahre Liebe.

Lady Caroline: Nein. Es war die Liebe, welche die Eifersucht in mir gebar.

Verteidiger: Lord Byron, empfanden sie es als Liebe?

Musik: *Beethoven Opus 27 Nr.2 Sonate Nr.14 Mondscheinsonate als Hintergrundbegleitung.*

Lord Byron: Frauen versuchen auf jede erdenkliche Art schön aussehen zu wollen. Es ist schön, wenn Menschen schön sind. Aber es ist hässlich, wenn Menschen schöner erscheinen wollen, als sie im Inneren sind. Es ist schön, attraktiv zu sein, aber es ist hässlich, sich attraktiver machen zu wollen, als das Herz es ist … Die wahre

Schönheit liegt im Inneren, im einfachen, in der Spontanität. Die wahre Schönheit ist Schöpfung, sie ist eine Gabe Gottes. Eine Gottesgabe muss man mit anderen teilen, man darf sie nicht benutzen, um andere Seelen zu besitzen.

Weltenwandler, das Lernen sei dir stets bewusst.
Was du nicht mit Freude lernst, lernst du durch das Leiden.
Täusche niemand anderen, dabei täuscht du nur dich selbst.
Was außen ist, herrscht innen, was innen ist, herrscht außen.
Das Hohe entstammt dem Licht der Wahrheit,
das Niedere entstammt dem Dunkel des Irrtums.
Die große Einheit steht oben, die Alleinheit steht unten.

Verteidiger: Sie fühlten es also nicht als Liebe, sondern als Herrschsucht und Seelenhiebe, Lord Byron?

Lord Byron: Ja, ich fühlte mich wie ein Adler, eingesperrt in einen Käfig, um sein Glück ihm aufzuzwingen. Dem man versucht mit der Schneide des Zwangs seine Schwingen der Freiheit zu stutzen.

Weltenwandler, lerne durch das Wandeln,
betrachte die Welt durch dein inneres Auge, durch das Licht.
Wissen ist des Menschen Arbeit,
Weisheit ist des Gottes Gabe.
Stärke ist Tugend, aus Tugend wird Treue.
Weltenwandler, bleibe deinem inneren Rufe treu.

Szene Lord Byrons Arbeitszimmer.

Lord Byron: Madame, hochverehrte Lady Melbourne, ich bin ihr schutzlos ausgeliefert, wie eine junge Gazelle einer blutrünstigen Hyäne. Ich bin ratlos, Madame! Wie soll ich handeln?

Lady Melbourne: Teuerster Lord Byron, sie dürfen meine Schwiegertochter, dieses Rabenaas, die Tochter einer wilden Hyäne, nicht wieder sehen.

Lord Byron: Oh, das möchte ich ja, Mylady, doch sie verfolgt mich, wie der Leibhaftige. Sie ist eine wahrhaft arme Seele. Es vergeht kein Tag, an dem sie mir mit einem Boten Blumen oder mit Parfüm bestäubte Briefe schickt. Sie erschlägt mich mit Sinnlichkeit und Leidenschaft die Leiden in meinen Sinnen schafft.

Lady Melbourne: Oh, wie ich sie bedauere, mein Ärmster! Mein Teuerster, ich wusste es schon immer, in ihr steckt der Satan. Der Leibhaftige in Menschenhaut, sie ist einfach ein schlechtes Weib!

Lord Byron: Ein schlechtes Weib? Sie ist die absurdeste, verwirrteste, gefährlichste und zugleich die faszinierendste, bezauberndste und schönste Frau die lebt. Doch hätte sie vor 2000 Jahren leben sollen.

Butler: Lord Byron, ein Page wartet vor der Türe und möchte ihnen einen Brief übergeben.

Lord Byron: Schicken sie ihn samt seinem Brief zum Teufel ..... zu jenem weibischen Beelzebub, der ihn schickte …

Butler: Jawohl Sir.

Lord Byron: Halt! Wartet, bringt den Brief herein, das wird unsere gute Lady Melbourne von der krankhaften Seele Lady Carolines überzeugen.

Butler: Verzeiht, Mylord, der Page sagte, er dürfe den Brief nur persönlich seiner Lordschaft überreichen.

Lord Byron: Wohl dann, so schickt ihn zu mir, den Page, mein Gemüt gerät in Zorn und Rage.

Butler verlässt den Raum und betritt ihn mit einem Pagen, der dann gleich Lord Byron um den Hals fällt.

Page: Byron, mein Herzallerliebster, mein Schicksal. Warum verwehrt ihr meinen Augen euer Antlitz? Ich kann ohne euch nicht existieren. Ihr seit mein Lebenselixier. Warum beantwortet ihr nicht meine mit Liebe gefüllten Schriften?

Lord Byron zieht dem Pagen die Mütze vom Kopf, darunter kommt Lady Caroline Lamb zum Vorschein.

Lady Melbourne: Caroline, kommen sie zu Sinnen. Sie machen sich lächerlich und bringen Schande über meinen Sohn.

Lady Caroline: (Erschrocken) Schwiegermutter?! Sie hier?

Lady Melbourne: Ja, ich hier. Ich wollte mich von ihren Unsinn überzeugen. Sie fahren auf der Stelle nach Irland, das ist ein Befehl, Caroline! Sie werden in Zukunft unseren guten Byron zu frieden lassen. Habe ich mich klar ausgedrückt?

Lady Caroline: Oh nein, alle hassen mich. (Fällt Byron weinend um den Hals).

Szene Gerichtsaal

Verteidiger: Lady Caroline, sie sagten, der hier angeklagte, Lord Byron, sei gefährlich und lasterhaft!

Lady Caroline: Ja, das ist er!

Verteidiger: Wie, Lady Caroline, nennen sie ein stärkeres Wollen, ein zwanghaftes Verlangen, die Versklavung des eigenen Selbst?

Lady Caroline: Es ist ein Laster. Eine Sünde am eigenen Selbst.

Verteidiger: Wie nennen sie, Lady Caroline, einen Menschen, den ein stärkeres Wollen befällt, welches in ihm ein zwanghaftes Verlangen auslöst etwas zu besitzen. Lord Byron zu besitzen. Und diese dunkle Macht, schafft dem eigenen Selbst eine Machtlosigkeit ... in dem es ihnen die Macht über andere stiehlt ... Lady Caroline, sie selbst nannten das ein lasterhaftes Leben einer gefährlichen Person. Ich habe sie beschrieben. Sie sind lasterhaft und gefährlich! Was sie im Angeklagten erkennen, ist das Spiegelbild ihrer eigenen Seele!

Richter: Hochmut und Herrschsucht sind die ungebremsten Resultate der Selbstbegierde einer Hungerseele. Diese Machtansprüche gegenüber der freien Seele entstammen dem Niederen, den Instinkten der animalischen Ahnen. Es ist der Balsam für die Eigenliebe. Macht besitzen wollen, ist das nehmen der Freiheit des Anderen. Die wahre Liebe ist das bedingungslose Geben und das Annehmen des Anderen!

Hat hierzu der Angeklagte etwas vorzutragen?

Lord Byron: Ja, Euer Ehren, hohes Gericht.

Richter: Ich erteile euch das letzte Wort.

Musik: *Beethoven Opus 73Pianoconcerto Nr.5 in e-moll als Hintergrundbegleitung.*

Lord Byron: *(Paparouna = Mohnblume)*

Rot ist die Liebe, grün ist das Leben.
Leben entsteht durch wahre Liebe.
Liebe weitet sich durch das wahre Leben.
Gottes lächeln der golden Sonnenschein,
Sanft er streichelt dein Blätterkleid, zart und fein.
Farbenleuchten rot und grün,
Die Mohnblum´felder in voller pracht erglühn´

Oh, Paparouna, Königin der Blumen,
Schönste der Schönen im Glanz des Sonnenschein.

Dein rotes Blütenhaupt, zart und grazil,
Dein Körper grün und stabil.
Die Formvollendung ist dein Blütenstil,
Sinnesberauschend, dein prächtig Farbenspiel.

Schnell beginnt dein leises Sterben,
Möchte dir jemand habhaft werden.
Dein Welken setzt ein, plötzlich und schnell
Entreist man dich deiner Lebensquell´

Verteidiger: Die Mohnblume, vollendet in Ihrer Schönheit und doch welkt sie sofort nach dem entwurzeln. Wahre Schönheit ist innere Freiheit. Innere Freiheit ist kein Besitzesgut!

Lord Byron:
Weltenwandler, gebühre Zufriedenheit dem Erreichten,
der Zeiten Wandel ist dein Werden.
Zeige Bescheidenheit, beginne zu teilen,
betrachte das Glück, im Inneren gedeihen.
Es ist die Schönheit.

Richter: Rufen sie die nächste Zeugin auf. Lady Byron, die Angetraute des Beklagten.

Lady Byron betritt den Gerichtsaal, Lady Caroline Lamb verlässt weinend und schluchzend den Zeugenstand.

Richter: Sie sind die Gattin des Beklagten, Lady Byron?

Lady Byron: Ja, das bin ich. Lady Byron, geborene Annabella Milbanke.

Richter: Zeugin Byron, wo sind sie dem Angeklagten das erste mal begegnet?

Lady Byron: Auf einer Musiksoiree, Euer Ehren, hohes Gericht.

Musik: *Beethoven Opus 73Pianoconcerto Nr.5 in e-moll als Hintergrundbegleitung.*

Lord Byron:

Ich nenn´und flüstere und atme dich nicht;
Es ist Schmerz in dem Musikklang, es ist Schuld´ im Gerücht;
Nur die brennende Trän´auf der Wang´, o mein Herz,
verrät dir den tiefen, den schweigenden Schmerz.

Zu kurz für das Glück, für den Frieden zu lang
Entschwanden die Stunden, berauschend und bang;
Wir brachen die Kett´ und entsagten dem Glück,
wir scheiden wir fliehen - und kehren zurück.

Lady Byron: Ich kam mit meiner Mutter zu spät. Wir mussten vor dem Konzertsaal warten. Voller Scham und Demut wartend musste ich feststellen, wir waren nicht die Letzten. Denn Lord Byron kam viel später.

Lord Byron:

Die Erde bebte, schüttelt das Haus,
wie trunken schwanken Mensch und Natur,
nach wem späht' ich da angstvoll suchend aus?
Nach dir – nach dir-, um dich zu retten nur.

Richter: Zeugin, Lady Byron, wann haben sie den Angeklagten das zweite Mal gesehen?

Lady Byron: Ich bekam einen Brief, in dem er um meine Hand anhielt.

Richter: Wie fassten sie den Inhalt jenes Briefes auf, Zeugin, Lady Byron?

Lady Byron: Ich hielt diese Zeilen für einen dummen Scherz aus einer Dichterhand.

Szene Lady Byrons Haus

Lady Byron: Ich beglückwünsche sie, mein kühnster, Lord Byron.

Lord Byron: Ich hoffe doch, wir beide sind zu beglückwünschen, meine Teuerste.

Lady Byron: Ich meine eure Rede im Oberhaus, Lord Byron. Voller Lob sind sie in aller Munde. Mir scheint ihr Talent beschränk sich nicht nur auf die Dichtkunst. Ich sehe für sie, eine große Kariere in der Politik voraus, mit ihrem Talent Menschen zu lenken.

Lord Byron: Ich? Ich bitte sie, meine Teuerste, meine wertvollste Mrs. Milbanke. Ich niemals, mein Ziel ist es, den Menschen Ehrlichkeit und Gerechtigkeit zu schenken!

Lady Byron: O, nun bin ich enttäuscht von ihnen. Ich bewundere und achte Männer, die Ehrgeiz entwickeln.

Lord Byron: Ehrgeiz bedeutet Geiz zu entwickeln, anderen Ehren zu zollen. Sind jene nicht die Geister, welche sich selbst verherrlichen, ohne sich und ihre eigen Werke jemals zu hinterfragen?

Lady Caroline: Warum sollen Menschen auch alles hinterfragen. Durch Fragen entstehen doch nur der Menschenklagen.

Lord Byron: An ihrer Haltung, meine Teuerste, erkenne ich, dass mein Antrag mit meiner Frage sie nicht erreichte.

Lady Byron: O doch, sehr wohl erreichte mich ihr Antrag. Ich hielt ihn nur für einen ihrer impulsiven und äußerst verrückten Einfällen. Wir kennen uns doch überhaupt nicht. Sie erbeten die Hand einer Fremden.

Lord Byron: Wir waren doch gemeinsam aus. Wir tanzten, wir lachten und wir ergaben uns den Verführungen des Weines. Nennen sie das „Nicht kennen?" Teuerste.

Lady Byron: Lord Byron, ich kenne sie nur aus ihren Versen, daraus lese ich ihren Charakter.

Lord Byron: Sie lesen aus der Sprache meiner Seele und behaupten mich nicht zu kennen?

Lady Byron: Von frühster Kindheit ließ er sich von seinen Leidenschaften leiten und sie übten einen traumatischen Einfluss auf seinen Intellekt aus.

Lord Byron:
    * Ich liebe die Tugend, die ich nie Gewinne.
Der Laster habe ich viele, doch auch goldene Sinne.
All meine Fehltritte kennst du, lass das schelten
All mein Hoffen, liegt bei dir, lass sie nicht welken.
    All mein Wahnsinn fremd dir blieb;
      Doch geht's mit dir, mein Lieb.

Annabella, heiraten Sie mich. Wer Freude empfangen will, der muss teilen, denn das Glück wurde als Zwitter geboren.

Lady Byron: Sie erwarten eine Antwort, ohne zu überlegen?

Lord Byron: Sie müssen überlegen, ob sie einen Denker wollen? Denken ist die Zauberei des Geistes.

Lady Byron: Die Antwort ist „Nein", mein verehrtester.

Lord Byron: Der Baum des Wissens ist nicht der Baum des Lebens. Misstrauen ist eine schlechte Rüstung, die mehr hindern als schirmen kann. Sie fühlen, sie seien viel zu gut, für einen Mann von üblen Ruf. Ich empfehle mich!

Wenn wir so wüssten, zu glauben, wie wir glauben zu wissen, wäre die Welt um eine Hoffnung reicher.

Szene Gerichtsaal

Richter: Und später haben sie ihn doch geheiratet, warum?

Lady Byron: Weil ich ihn liebte, Euer Ehren.

Richter: Zeugin Lady Byron, liebte auch der Beklagte sie?

Lady Byron: Ich glaube es, Euer Ehren.

Richter: War er ein guter Ehegatte, war er ein gutes Wesen??

Lady Byron: Ein guter Ehegatte, ein gutes Wesen? Ein Unmensch war er gewesen!

Verteidiger: Einspruch, Euer Eheren.

Richter: Stattgegeben.

Verteidiger: Sie lehnten seinen Antrag ab. Wer machte den Zweiten?

Lady Byron: Ich.

Verteidiger: Wussten sie von der Affäre mit Lady Caroline Lamb?

Lady Byron: Ja …

Verteidiger: … Und mit Lady Oxford und mit Lady Lanchester?

Lady Byron: Ja.

Verteidiger: Warum wollten sie ihn?

Lady Byron: Weil ich ihn liebte ...

Verteidiger: … oder weil sie das Gut der Begierde für sich alleine besitzen wollten?

Richter: Lord Byron, warum heirateten sie ihre spätere Gattin?

Lord Byron: Ich hatte Achtung vor ihrer Ordnung und Vernunft, vor allem dem, was ich nicht hatte. Achtung ist das beste Fundament für eine Ehe, Euer Ehren.

Lady Byron: Wir bezogen ein großes Haus, ein Haus, das wir uns nicht leisten konnten.

Richter: Warum konnten sie sich das Haus nicht leisten?

Lady Byron: Mein Gatte hatte stets geflügelte Worte, stets einen regen Geist, doch galt es dem Geld verdienen, so hatte er stets verkrüppelte Hände. Er war ein Taugenichts.

Lord Byron: Sie hatte strenge Prinzipien, sie hatte eine strenge Logik, sie beschäftigte sich mit der Mathematik, sie war immer am kalkulieren.

Lady Byron: Das Leben besteht aus Kalkulation, wer sich nicht die Besten Chancen errechnet und selbst unberechenbar ist, der bleibt zurück. Das ist die Mathematik des Lebens …

Musik: *Beethoven Opus 27 Nr.2 Sonate Nr.14 Mondscheinsonate als Hintergrundbegleitung.*

Lord Byron: Die Berechnung entstammt dem Kopfe, sie ist Logik, sie ist kalt. Ein scharfer Verstand ist kalt wie die Schneide eines scharfen Messers, doch stumpf im Gefühl. Die Poesie ist wahre Intelligenz, sie ist der Geistes Glanz. Sie ist die Schöpfung, sie ist der Klang der Götter Stimmen, die ganze Welt ist Gottes Schöpfungspoesie, sie lässt duftende Blüten aus dem Jenseits in die kalte Welt der Menschen regnen, damit die Herzen öffnen und erblühen.

Weltenwandler, schenke den Unwissenden keine Verachtung.
Auch sie durchschreiten die wahre Schule, die Schule des Lebens.
Schenke ihnen Duldsamkeit und spende ihnen Liebe.
Weltenwandler, lass deinen Geist nicht verwirren,
durch Jene, deren Kräfte nur in deren Stimmen liegen.

Szene Lord Byrons Haus

Lady Byron: Oh, mein Teuerster, lauter ungeöffnete Rechnungen? Warum sind sie noch verschlossen?

Lord Byron: Warum sollte ich sie öffnen? Ich habe kein Geld um sie zu bezahlen! Doch sind sie wie giftiges Wasser und löschen meinen feuertrunkenen Geist.

Lady Byron: Wir sind verschuldet. Wir können unser Leben nicht bestreiten!

Lord Byron: Das zeigt mir, das ich ein Byron bin. Schulden begleiten schon immer meine Familie. Mein Vater war ein Schuldenbaron und ich wandel in seinen Spuren.

Lady Byron: Dann lassen sie sich für ihre Dichtungen bezahlen!

Lord Byron: *(nimmt einen großen Schluck aus der Flasche.)*
Was ich schreibe, das lass´ ich mir nicht bezahlen. Was ich schreibe, ist der Klang des Göttlichen, es ist in Geld nicht zu bezahlen. Es sind Werte aus dem Inneren der Seele, in der das Geld keine Macht besitzt.

Lady Byron: Wir haben kein Geld, wir haben nur Probleme!

Musik: *Beethoven Opus 27 Nr.2 Sonate Nr.14 Mondscheinsonate als Hintergrundbegleitung.*

Lord Byron: Mir scheint als seien sie mein Problem, ihre Hysterie.

Es macht mir Angst. Ich blicke in den leeren Raum meines Geistes und spüre den kalten Hauch des Nichts, der mir entgegen weht.

Ein schwarzer Schleier umhüllt meine Seele, er zieht sich zusammen, er hält mich im Würgegriff der Angst und Trauer. Lähmend wirken diese profanen Sorgen auf meines Dichters Denkvermögens, sie lassen meinen Scharfsinn stumpfen. Meines Geistes Höchstbestreben ist der Augenblick der inneren Ruhe, der inneren Fülle, so lichtet sich der Horizont mit Blick auf die Vollkommenheit.

> Dunkles Licht, erhelle mich.
> Wegloser Pfad, weise mich.
> Klangloser Ton, flüstere mir zu.
> Tobende Stille, schenke mir Ruh´

Lady Byron: Hören sie auf zu trinken. Es ist Zeit, um zu schreiben, nicht um sich zu betrinken.

Musik: *Beethoven Opus 133 in B-Dur. Große Fuge.*

Lord Byron: Alles hat seine Zeit. Es gibt eine Zeit, um zu schlafen. Es gibt eine Zeit, um Forderungen zu begleichen. Es gibt eine Zeit, um sich zu betrinken. Und es gibt die heilige Zeit, um seine Gedanken niederzuschreiben. Es gibt eine Zeit, um zu dichten. Und es gibt eine Zeit, um zu furzen. Es gibt eine Zeit zum scheißen.

> Einen Furz lassen,
> ist des Arsches lachen.
> Beginnt der Arsch zu brummen,
> so soll das Schandmaul ein wenig summen.
> Ist die Klangsymphonie geglückt,
> so fühlt sich der Arsch enorm entzückt.
> Mit dem nächsten Furz, beginnt er, erneut zu singen,

erneut hören wir des Darmes Melodie erklingen.
Doch halte jene Düfte in Maßen,
nicht verschwenderisch aus dem Arsche blasen.
Die Lügenbrut und ihre Worte stinken.
Lasst sie und ihre Schandmäuler in der Vergessenheit
versinken.

Könnten sie es unterlassen, es ständig zu versuchen mich
nach eurem Bilde zu formen! Wenn sie ein wenig weniger
Vollkommen wären, so könnte ich sie ein wenig mehr
lieben, weil ich ein unvollkommener bin, ein unvollkomm-
enes Werk des vollkommenen Schöpfers.
Viele, die vernünftig spielen, sollten sich betrinken, das
Beste im Leben ist nichts als der Rausch, er beflügelt die
Sinne.

Lady Byron: Es tut mir Leid.

Lord Byron: Ich kam unvollkommen auf die Welt und
werde diese unvollkommen verlassen. Vielleicht bin ich
auserwählt, etwas Besonderes zu hinterlassen.
Ich weiß nicht, ob ich Gutes oder Böses mache, ich weiß
nichts, denn ich bin unvollkommen.
Ich bin nicht wie andere und es ist nicht gut, mich so
machen zu wollen!
Denn ich bin nicht auf die Welt gekommen, um zu sein,
wie mich andere wollen. Hält man mich dafür auch für
verkommen!

Szene Gerichtsaal

Richter: Lady Byron, warum haben sie den Angeklagten
verlassen?

Lady Byron: Nicht weil er trank, und nicht weil er mit
dem Revolver um sich schoss.

Richter: Sondern?

Lady Byron: Weil die Ärzte sagten: Er sei gesund! Sein Handeln war stets unnormal, dass ich dachte, sein Geist sei verwirrt. Doch als die Ärzte in für normal erklärten, konnte ich für sein Verhalten keine Entschuldigung mehr finden und verließ ihn.

Verteidiger: Genie und Wahnsinn liegen dicht beieinander. War das der einzige Grund? Zeugin, Lady Byron.

Lady Byron: Es gab noch einen anderen ...

Richter: ... Der war gewesen?

Lady Byron: Er betrog mich mit Lady Leigh!

Richter: Gerichtsdiener führen sie Misses Leigh herein.

Verteidiger: Zeugin, Mrs. Leigh, sie werden von Lady Byron bezichtigt eine Liebesaffäre mit dem Beschuldigten Lord Byron gehabt zu haben.
Ist das wahr? Oder ist es nicht wahr?

Leigh: Es ist nicht wahr!

Verteidiger: Wie erklären sie sich diese Behauptung, Zeugin Leigh?

Leigh: Ich verkehrte stets im Hause Byron. Selbst als Lady Byron des Lords Tochter gebar, war ich zugegen. Auch als die Lady das Haus Byron für immer verließ, war ich anwesend. Ich war eine Vermittlerin, hohes Gericht.

Verteid: Warum waren sie eine Vermittlerin, Zeugin Leigh?

Leigh: Es war ein Paar, wie Feuer und Wasser. Es war ein Paar wie Frühling und Winter, hohes Gericht.
Lady Byron, schrie ihn als Wahnsinnigen, als verrückten Trunkenbold und Schuldenbaron aus. Der Lord schrie die Lady als kaltherzig, berechnend und egoistisch aus.

Der Lord betrank sich uns schoss mit dem Revolver im Hause um sich. Es mutete mir an, als ob er sich selbst erschießen wollte.

Verteidiger: Zeugin Leigh, liebten sie Lord Byron?

Leigh: Ich gebar fünf Kinder, ich liebe eines wie das Andere. Lord Byron, liebte ich wie ein sechstes Kind, hohes Gericht.

Verteidiger: Weshalb liebten sie ihn wie ein Kind?

Leigh: Er war ein Kind, er wurde nie erwachsen. Er sprang von der Freude in die Trauer, von der Euphorie in die Trübsal. Lord Byron hat die Welt der Frauen verletzt, weil er zu oft verletzt wurde. Selbst seine Mutter hatte ihn verletzt, weil sie die Schmerzen ihres Kindes nicht verstand.

Verteidiger: Ist das die Wahrheit, Mrs. Leigh? Sie liebten ihn platonisch?

Leigh: Durch meine Venen rinnt dieselbe Quell´des Lebens, wie durch die Seinigen. Ich selbst bin das Zeugnis der körperlichen Vereinigung seines Vaters und meiner Mutter. Mein Antlitz war sein Spiegelbild.

Verteidiger: Zeugin, Leigh, sind das die Gründe, warum die Menschen Lord Byron soviel Verachtung entgegen brachten? Weil er eine angeblich körper-liche Beziehung zu seiner Halbschwester unterhielt?

Leigh: Sie hassten ihn. Die Verachtung waren die leisen Stimmen ihres Neides.
Menschen demütigen große Geister, um ihre eigenen Schwächen zu verbergen. Wie man den freien Falken nicht als Singvogel im Käfig halten kann, so kann man einen Dichter nicht im Käfig der gesellschaftlichen Normen halten.

Richter: Das hohe Gericht möchte nun etwas hören, das der Gegenpartei zu Buche schlägt. Hören wir nun den Verteidiger des beklagten Lord Byrons.

Verteid: Hohes Gericht, Ehrenwärter Vorsitzender, es wäre ein leichtes für mich Abertausend Seelen aufzurufen, um zu bezeugen, dass Lord Byron sie voller Liebe, voller Güte sowie vollem Edelmut behandelte, oft auf Kosten des eigenen Wohlbefindens, völlig selbstlos. Hohes Gericht, nach den Ausführungen der ehrenwerten Zeugin, Mrs. Leigh, erlaube ich mir nur zwei Zeugen vorzuführen, einen Mann und eine Frau, stellvertretend für eine gesamte Generation.
Ich benenne somit Mr. John Cam Hobhouse.

Richter: Bitte führen sie den Zeugen in den Saal.

Zeuge betritt den Zeugenstand.

Richter: Zeuge, wie lautet ihr Name?

Hobhouse: John Cam Hobhouse, Euer Ehren, hohes Gericht.

Verteidiger: Zeuge, Mr. Hobhouse, kannten sie den Beklagten Lord Byron?

Hobhouse: Jawohl, ich kenne ihn, mehr als nur gut.

Verteidiger: Sind sie ein Freund des Beklagten?

Hobhouse: Jawohl, ich bin ein Freund des großen Lord Byrons.

Verteidiger: Sind sie stolz auf diese Freundschaft?

Hobhouse: Ich bin mehr als nur stolz auf diese Freundschaft.

Verteidiger: Wie würden sie sein Verhalten gegenüber Menschen beschreiben, die ihm untergeben waren?

Hobhouse: All jene, die über ihm standen, hassten ihn. Lord Byron richtete sich stets wie ein schützender Bär gegenüber den Kleinen und Schwachen auf. Er redete den Mächtigen nie nach den Lippen, sondern wie es seiner Seele entsprang. Er suchte stets die Gerechtigkeit, das brachte ihm viele Feinde in seiner politischen Tätigkeit ein.

Verteidiger: Wie kann das hohe Gericht ihre Aussage verstehen, Zeuge Hobhouse?

Hobhouse: All seine politischen Ideen waren zukunftweisend für eine soziale Gerechtigkeit, doch hatten die Aristokraten ihn nie verstanden, hohes Gericht. Die Aristokratie sah ihn ihm, den Führer des englischen Pöbels.

Verteidiger: Zeuge Hobhouse, warum verließ Lord Byron die Politik?

Hobhouse: Er war der Auffassung, dass das Parlament die Spielfläche für Menschen war, welche sonst nichts können. Er sagte einst: "Ich habe keine Zeit zu verlieren, mit Menschen, die in der Selbstverliebtheit baden, weil meine Zeit mit siebenunddreißig enden wird.

Verteidiger: Starb Lord Byron mit siebenunddreißig Jahren, Zeuge Hobhouse?

Hobhouse: Jawohl!

Verteidiger: Wo?

Hobhouse: In Messolongi in Griechenland.

Verteidiger: Ws hat er dort getan?

Hobhouse: Er kämpfte den Befreiungskampf, mit und für die stolzen Hellenen, gegen die türkische Tyrannei, gegen das osmanische Joch, hohes Gericht.

Verteidiger: Zeuge, John Cam Hobhouse, wollt ihr hier vor Gericht zum Ausdruck bringen, das Lord Byron ein käuflicher Söldner gewesen war? Ein Wendehals, der ohne Ehre und nur für Geld kämpfte, um seine Schulden zu bezahlen?

Hobhouse: Nein, ganz im Gegenteil! Voller Stolz kann ich verkünden: Mein Freund, Lord Byron, besaß den Edelmut eines stolzen Ritters, wie einst die großen Tempelherren. Er verkaufte seinen Besitz, die Abtei von Newstead. All sein Vermögen investierte er in den Befreiungskampf, um seine Schulden machte er sich keine Sorgen. Kein Geld war für ihn mehr wert, als die Selbstbestimmung eines geistig hochbegabten Volkes.

Verteidiger: Man könnte also sagen, er verlor sein Vermögen und sein Leben im Kampfe für Unterdrückte und Schwache?

Hobhouse: Das ist die Wahrheit, hohes Gericht.

Lord Byron: Ein großer Mensch ist einer der über die Menschheit herausragt oder sie unterdrückt. Große Menschen treffen sich!

> Weltenwandler, wandle durch die Welt,
> begegne Jedermann in Frieden.
> Durch das innere Licht wir dir die Wahrheit gewahr.
> Scheue dich nicht die Wahrheit auszusprechen.
> Zeige dein Dulden und höre was andere sagen!

Verteidiger: Danke, Zeuge, Mr. John Cam Hobhouse. Verstehen sie etwas von der Poesie?

Hobhouse: Ja, Sir.

Verteidiger: War Lord Byron ein guter Dichter?

Hobhouse: Er war ein genialer Dichter.

Verteidiger: Dachten so auch die anderen Men-schen?

Hobhouse: Er war die Quelle der Inspiration. Als wir in Genf verweilten, schrieb er das Gespenstergedicht „Der Gefangene von Chillon", mit Mary Sheley dichtete er Spukgeschichten, bis sie den Roman „Frankenstein" erschuf. Hohes Gericht, nach Shakespeare war Byron der Größte.

Verteidiger: War Byron erfolgreich als Dichter? Man sagt, er hatte nur Schulden.

Hobhouse: Nachdem er „Ritter Harolds Pilgerreise" schrieb, ging er als unbekannter Dichter zu Bett und als bekannter Dichter erwachte er. Die Menschen rissen sich um sein Werk.

Verteidiger: Für sie war Byron, ein selbstloser Freiheitskämpfer der Leben und Vermögen für die Schwachen opferte, ein großer Dichter als Quell'der Inspiration, der selbst der Welt große Werke hinterließ. Danke Zeuge John Cam Hobhouse.
Was geschah weiter, Mr. Hobhouse?

Hobhouse: Ich reiste nach Venedig, um Lord Byron nach England zu holen, denn ich war nicht immer seiner Meinung. Dort war er bereits der Cavaliere Servante der Comtessa Teresa Guiccioli.

Szene Venedig

Hobhosue: Lord Byron, mein teuerster Freund, kommen sie doch mit mir zurück nach England. Die Menschen lieben sie.

Lord Byron: Welchen Lord Byron, wünschen sich die Engländer zurück. Den großen Poeten oder den trunkenen Frauenhelden?

Hobhouse: Das Geschwätz der Leute ist verklungen, sie sehen sie als Freund an.

Lord Byron: Ich fürchte keine Feinde, die angreifen, ich fürchte eine Freundesschar die schmeicheln. Tausend ehrliche Feinde sind mir lieber als ein falscher Freund. Die wahre Freundschaft, Hobhouse, mein Freund, ist die Liebe ohne die Schwingen der Zärtlichkeit.

Hobhouse: Wollen sie nicht zurück nach England, mein guter Freund? Die Menschen wollen sie.

Lord Byron: Den Dritten, der in mir steckt, jenen können die Engländer wiederhaben.

Hobhouse: Welcher ist der dritte Byron, mein Freund?

Lord Byron: Der dritte der in mir steckt, ist der Größte. Ihn vermögen sie nicht ins Gesicht zu blicken. Es ist der Lord Byron, der gegen Armut kämpft, es ist jener Lord Byron, der gegen Unrecht kämpft, es ist der Lord Byron, der für Selbstbestimmung und Freiheit und Brüderlichkeit kämpft.

Im Geiste sind wir Brüder,
Tyrannenbrut schlagen wir nun nieder.
Freiheitsgesang sind unsere Lieder,
der Lügenbrut Knechtschaftsklang,
ist ein finster´Grabgesang.
Ihr, die Armen erhebet euch ganz nach oben,
lasset die Geldesbrut vor Wut nur toben.

Hobhouse: Oh, mein guter Freund, Byron. Denken ist sprechen mit sich selbst. Sprechen sie diese Gedanken zu sich, werden sie opportun, um ihren Erfolg zu genießen.

Lord Byron:

Das Freundschaftspfand, –noch trag´ich meines,
doch wo ist deines? –ach, wo bist du?

Oft hat mich Leid gebeugt, doch keines
Zerstörte so des Herzens Ruh´
Du ließt klug im Lenz der Jahre
Die Neig` im Leidenskelche mir;
Wär` nirgend Ruh´als auf der Bahre,
dann wünscht ich dich nicht wieder hier;

Es soll den Menschen nicht die Schar von Feinden
ängstigen, welche zum Angriff kommen, sondern Freunde,
die Euch nur schmeicheln.

Szene Gerichtsaal

Richter: Zeuge Hobhouse, der Angeklagte folgte ihrer Bitte nicht und weigerte sich nach England zurück zukehren?

Hobhouse: Jawohl, Euer Ehren, hohes Gericht.

Ankläger: Warum kehrte er nicht zurück? War es seine Feigheit? War es der falsche Stolz eines, verkanten Genies? War es die späte Rache eines bekämpften und verachteten?

Hobhouse: Nein! Er war stets heiß oder kalt. Ein lauwarmer war er nie, denn jene sind zum Ausspeien da.

Ankläger: Zeuge, sie sind nicht die Verteidigung. Antworten sie, warum kehrte er nicht zurück?

Hobhouse: Die Industrialisierung raubte den Menschen das Brot. Es gab Gewinner und Verlierer. Das ertrug sein mitfühlender Geist nicht, denn er stand für die Armen ein.

Richter: Was machte der Beklagte stattdessen weiterhin in Italien, Zeuge Hobhouse?

Hobhouse: Er weilte bei der Commtesa Guiccioli, Euer Ehren.

Richter: Die Zeugin Guiccioli, wird hiermit aufgerufen.

Zeugin betritt den Zeugenstand.

Richter: Zeugin Comtessa Teresa Guiccioli, sie waren also eine weitere Trophäe des beklagten Schürzenjäger. Nichts weiter als eine weitere Geliebte?

Guiccioli: Oh, Nein, Euer Ehren, hohes Gericht. Er war für mich mehr. Mein Mann war 60 Jahre, ich war erst 19, eine frisch erblühte Pflanze. Meinen Mann, ihn liebte ich wie eines Vaters Vater. Es war eine Ehe aus Arrangement. Lord Byron, wollte ich fortan lieben, zutiefst, bis in alle Ewigkeit. Ich war bereit in so zu nehmen, wie er war, ohne ihn zu verändern.

Richter: Sie liebten also das Wesen des Lords. Nicht seinen Ruhm und nicht seine Anrüchigkeit und nicht seine Dominanz.

Guiccioli: Ich liebte den Menschenfreund, den Gerechten, den Gutherzigen.

Szene Venedig Lord Byron mit Comtessa Guiccioli.

Lord Byron:
In Liebe …
Das Alter macht Venedig immer wahrer,
und die Maske hält nicht ihr Gesicht.
Im Dämmern wird Venedig immer klarer,
doch wenn ich träume, seh ich Venedigs schönst´ Gesicht.

In jener Stadt, in der die Gondeln Trauer tragen,
in jener Stadt, in der ich verlor mein Herz, doch so schwer.
In jener Stadt, in der Trübsal bestimmt mein Behagen,
in jene Stadt, in die ich immer Wiederkehr …

Guiccioli: Ein gewagtes Spiel für einen Engländer.

Lord Byron: Die Liebe ist ein einzig´ Spiel, der Staffellauf zum Thron der Gefühle.

Guiccioli: Ich meine, Mylord, sie wollen mein Cavaliere Servante werden.

Lord Byron: Gewiss, meine Teuerste, wenn Sie das auch wünschen. Ihr Wunsch sei mein Befehl.

Guiccioli: Wie nennt man in England einen Cavaliere Servante, Mylord?

Lord Byron: In England gibt es viele Namen dafür, meine Schönste. Ihr ergebener Verehrer, ihr demütiger Sklave, ihr verschworener Geliebter, mein Herz.

Guiccioli: Und welcher wollen Sie sein, Mylord?

Lord Byron: Ein jeder von allen, meine Geliebte, meine Herzenskönigin.

> Der Ton der mich ans Glück gewöhnte,
> wenn ich versank in Grübelein;
> Das Lied, das himmlisch mir ertönte,
> doch lieblich mir von dir allein;
> Lehr´mich wie du geduldig werden,
> Verzeihung suchen und verzeihn´
> So war mir dein Leib´auf erden,
> so soll mein Hoffen droben sein.

Szene Gerichtsaal

Richter: Zeugin Guiccioli, der Beklagte war also nicht mehr als ihr Cavaliere Servante, ihr ergebener Verehrer, ihr demütiger Sklave, ihr verschworener Geliebter?

Guiccioli: Nein, Euer Ehren, hohes Gericht, er war mehr als nur das.

Richter: Was war er mehr als nur das?

Guiccioli: Er war ein Gerechter unter den Völkern, denn wer ein Leben rettet der rettet die gesamte Welt. Euer Ehren.

Richter: Wen rettete denn der Beklagte, Zeugin Guiccioli?

Guiccioli: Meinen Bruder, euer Ehren, hohes Gericht.

Szene Haus Guiccioli.

Lord Byron: In Frieden leben oder für die Freiheit sterben, wenn nötig müssen wir die Habsburger mit Gewalt vertreiben.

Guiccioli: Aber mein Geliebter, Sie sind kein Italiener. Warum macht ihr unsere Sorgen zu euren? Ihr begebt euch in eine tödliche Gefahr!

Lord Byron: In diesem Leben bin ich kein Italiener, doch sei stets die Tugend des Edelmannes, mit starker Hand die Schwachen zu schützen und mit eiserner Faust die Tyrannenbrut zu zerschlagen!

Italiener: Wahrlich, in eurem Herzen seit ihr mehr noch als nur ein Italiener. Inn eurem Herzen seit ihr ein Krieger des Lichtes. Empfanget mein Messer, Bruder, als Ehrbietung, großer Edelmann.

Bruder der Commtessa Guiccioli stürmt verletzt hinein.

Guiccioli: Oh, meine geliebter Bruder, ihr seid ja angeschossen, ihr verblutet.

Bruder: Wir ließen die Österreicher in einen Hinterhalt laufen, dabei traf mich eine Kugel. Es ist das Blut, welches für die Freiheit fließt.

Guiccioli: Wir müssen euch verbinden, mein geliebter Bruder.

Bruder: Nein, versteckt mich, sie folgen meiner Spur.

Sie simulieren eine Lesung. Verstecken Verletzten und setzten sich im Kreis um Byron.

Lord Byron:

> Sobald ein stolzer Mensch zur Erde kehrt,
> erhaben an Geburt, sonst arm an Wert.
> Erschöpft des Bildners Kunst den Pomp der Trauer,
> die Urne leiht dem Namen ihre Dauer
> und auf dem Leichenstein steht zu lesen,
> was einer sein soll und nicht was er ist gewesen.

Österreichische Soldaten stürmen bewaffnet in das Haus.

Komandant: Hände in die Höhe, keiner bewegt sich sonnst wird geschossen!

Lord Byron: *(trocknet Comtessa Guiccioli die Tränen).*Sie stören meine literarische Lesung, was wollen sie hier?

Kommandant: Dass ich nicht lache, ein Weib mit Tränen in den Augen! Wegen was wohl, durch ihre rührenden Gedichte oder durch das Blut eines Partisanenverbrechers?

Lord Byron: Das Trocknen einer Träne ist wahrem Ruhm näher als das vergießen ganzer Blutmeere unschuldiger Menschen, die nach Selbstbestimmung trachten.

Kommandant: Ein Schöngeist mit dem Mund eines Partisanen. Halten sie sich zurück, sonst lass ich sie verhaften.

Lord Byron: Es scheint ihnen nicht bekannt zu sein, wen sie vor sich haben?

Kommandant: Sehr wohl ist mir bekannt, wenn ich vor mir habe, den großen Dichter und Schöngeist Lord Byron!

Lord Byron: Dann sollte ihnen auch bekannt sein, dass ich englischer Staatsbürger bin und sie keine Befehlsgewalt über mich haben.

Kommandant: Zügeln sie ihre Zunge, sonst wird sie unfähig werden geflügelte Worte zu erzeugen.

Lord Byron: Ich darf die Herrschaften nun mit allem Nachdruck darum bitten, meine literarische Lesung zu verlassen, wie ich sagte sie stören. Nebenbei erwähnt ist sie nur für Gäste, geladene italienische Gäste.

Kommandant: Es ist ihr Glück Engländer zu sein, und das Glück des Partisanenpackes sich unter ihrem Dasein zu verstecken. Aber lassen sie Vorsicht walten, Byron, das nächste mal habe ich sie und nehme sie als Kollaborateur dran.

Lord Byron: Ich empfehle mich. Und grüßen sie den österreichischen Kaiser von mir, sofern es ihnen gegönnt ist, ihn in ihrer militärischen Laufbahn persönlich kennenlernen zu dürfen. Er ist ein Liebhaber meiner Kunst!

Szene Gerichtsaal.

Verteidiger: Zeugin Guiccioli, wie lange kannte der Angeklagte ihren Bruder?

Guiccioli: Lord Byron kannte meinen Bruder nicht.

Verteidiger: Und wie lange kannte der Beklagte sie, zu jenem Zeitpunkt?

Guiccioli: Wir kannten uns 14 Tage.

Verteidiger: Ich habe keine weiteren Fragen mehr an die Zeugin.

Richter: Wohlan, wohlan, es war eine sehr tugendhafte, ehrenvolle Handlung des Beklagten, auch diese soll sich auf den Prozess auswirken.
Zeugin Guiccioli, was wünschen sie dem Beklagten für den weiteren Prozess?

Guiccioli: Ehrenwerter Vorsitzender, hohes Gericht, mit Verlaub gestatte ich mir anzumerken: Der Sternenrichter blickt in die Herzen der Menschen und urteilt über die Wirkkraft unser handeln und Tun. Drum habe ich einen Wunsch, doch nicht für den Beklagten sondern für die Lebenden.

Richter: Zeugin Guiccioli, so treten sie aus dem Zeugenstand hervor und tun ihren Wunsch kund, die Menschheit soll diesen erfahren.

Musik: *Beethoven Opus 27 Nr.2 Sonate Nr.14 Mondscheinsonate als Hintergrundbegleitung.*

Guiccioli: Ich wünsche mir allen Lebenden seinen Mund, es war ein Mund, der das Unrecht stets bei Namen nannte.
Ich wünsche mir allen Lebenden seine rechte Hand, es war eine Hand, die liebkoste, es war eine Hand, die stets zur Versöhnung entgegen kam.
Ich wünsche mir allen Lebenden seine linke Hand, es war stets eine Hand, die nie festhielt, was sie in Fülle besaß, es war eine starke Hand, welche die hohe Kunst des Teilens beherrschte.
Ich wünsche allen Lebenden seine Beine, es waren Beine, die ihn stets auf dem Pfad der Gerechtigkeit trugen, es waren Beine, die zum Stillstand kamen, auch wenn der Weg mühsam schien zu sein.
Ich wünsche allen Lebenden sein Rückgrat, ein Rückgrat, welches sich niemals beugte vor Unterdrückung, Willkür und Macht, ein Rückgrat, mit den die Menschen aufrecht und aufrichtig leben.

Ich wünsche allen Lebenden sein Herz, ein Herz, indem viele Menschen ihr Zuhause fanden, ein Herz, welches nie ermüdet Liebe zu spenden und Schuld zu verzeihen.

Richter: Der Prozess neigt sich dem Ende. Das letzte Wort gebührt dem Beklagten. Lord Byron, treten sie hervor.

Lord Byron:

Die Seele weitet ihre Schwingen,
Schwebt durch die stille Nacht.
Ruf der Freiheit beginnt zu erklingen,
Der Seelenfrieden ward vollbracht!
Es gleicht dem dunklen Kerker zu entrinnen!

Der Baum des Lebens ist nicht der Baum der Erkenntnis. Welkt der Baum des Lebens, sprießt der Baum der Erkenntnis, seine Krone ist die Klarsicht für die Nichtigkeit des irdischen, die Einsicht über die Unwichtigkeit der eigenen Person.

Weltenwandler,
Achte die Schönheit der Jugend, achte die Muskelkraft.
Der Weg ist die Weisheit, das Alter die Geisteskraft.
Viele Ängste kommen aus Erschöpfung und Einsamkeit.
Bei aller angemessenen Disziplin sei freundlich zu dir selbst.
Weltenwandler erfreue dich deiner Existenz,
erfreue dich an deinem Leid und an deiner Freud.
Weltenwandler, das ist deine eigen´ Existenz.
Erfreue dich an deinem Wandeln,
ein Wandeln in ewiger Wiederkehr.

Richter: Ist es wahr? Oder ist es nicht wahr? Das ist hier die Frage! Ist der Angeklagte namens Byron es würdig die Himmelsleiter zu erklimmen, um im Himmel der großen Dichter verewigt zu werden oder schicken wir ihn zu den Teufeln, zu den Tagedieben, Taugenichtse und Tunichtgute?

Soll er der Menschheit als selbstloser Freiheitskämpfer in Erinnerung bleiben, oder als Schurke in die Vergessenheit geraten? Soll er der Menschheit als großer Poet in Erinnerung bleiben oder soll er als sündiger Trunkenbold vergessen werden? Soll er der Menschheit als Verfechter und Streiter der Gerechtigkeit in Erinnerung bleiben, oder soll er als Weiberheld und Schürzenjäger in Vergessenheit geraten?

Das ist hier die Frage. Ist es wahr oder ist es nicht wahr? …….. Das Schiff setzt nun die Segel, um den Ozean auf die Insel der Seligen zu überfahren, die Insel der Seelen, Elysium…

Freude schöner Götterfunken, Tochter aus Elysium!
Wir betreten feuertrunken, Himmlische dein Heiligtum.
Deine Zauber binden wieder, was die Mode streng geteilt, alle Menschen werden Brüder, wo dein sanfter Flügel weilt.

Ich erteile dem Publikum den Applaus als Urteil über den Dichter Lord Byron.

Musik: Beethoven Opus 125. 4. Satz Sinfonie Nr.9 in D-moll.

E N D E

Epilogos

Weltenwandler, wandel durch die Welten.
Weltenwandler, lausche den Klängen
der inneren Stille,
sie geben dir Kraft, für das Laute,
für die äußere Hast.
Weltenwandler, dein Handeln
gleicht so deinem Wandeln,
das Wirken gleicht so der Harmonie
des inneren Friedens.

Weltenwandler, lerne durch das Wandeln.
Betrachte die Welt durch dein inneres Auge, durch
das Licht.
Wissen ist des Menschen Arbeit,
Weisheit ist Gottes Gabe.
Stärke ist Tugend, aus Tugend wird Treue.
Weltenwandler, bleibe deinem inneren Rufe treu.

Weltenwandler, setzte nicht das Ziel
auf deinem Weg,
Dein ureigen´ Ziel ist dein Lebensweg.
Beschreite ihn mit all der Last
auf deinen Schultern,
lass Vorsicht walten, es lauern Gefahren.
Verschenke Vertrauen,
es kehrt irgendwann zurück.
Behalte das Gute in Sicht,
es zeugt von hohen Idealen.

Weltenwandler, schenke dem Unwissendem keine
Verachtung.
Auch sie durchschreiten die wahre Schule,
die Schule des Lebens. Schenke ihnen Liebe.
Weltenwandler, lass deinen Geist
nicht verwirren,
durch jene deren Kräfte nur in deren Stimmen liegen.

Weltenwandler, wandle durch die Welt,
begegne jedermann in Frieden.
Durch das innere Licht
wird dir Wahrheit gewahr.
Scheue dich nicht die Wahrheit
stets auszusprechen.
Zeige Duldsamkeit und lausche auch
was Andere sagen.

Weltenwandler, Zufriedenheit liegt nie im Vergleich,
es gibt immer ein vorne und ein hinten,
ein oben und unten.
Zufriedenheit liegt im Inneren, in der Stärke,
im Weg zur Vollkommenheit.
Weltenwandler, zeige Zufriedenheit dem Erreichten.
Der Zeiten Wandel ist dein Werden.
Zeige Bescheidenheit, beginne zu teilen,
betrachte das Glück, im innere gedeihen.

Weltenwandler, das Lernen sei dir stets bewusst.
Was du nicht mit Bewusstheit lernst,
lernst du durch das Leiden.
Täusche keine anderen, dabei täuschst du

nur dich selbst.
Was außen ist, herrscht innen, was innen ist, herrscht
außen.
Weltenwandler dein Dasein liegt im Zwielicht des
Werdens.
Das Hohe entstammt dem Licht der Wahrheit,
das Niedere entstammt dem Dunkel des Irrtums.
Weltenwandler, dein Geist ist die Lichtgeburt aus der
Dämmerung.
Die große Einheit steht oben, die Alleinheit steht
unten.

Achte die Schönheit der Jugend,
achte die Muskelkraft.
Der Weg ist die Weisheit, das Alter die Geisteskraft.
Viele Ängste kommen aus Erschöpfung und
Einsamkeit.
Bei aller angemessenen Disziplin sei freundlich zu dir
selbst.
Weltenwandler erfreue dich deiner Existenz,
erfreue dich an deinem Leid und an deiner Freud.
Weltenwandler, das ist deine eigen´ Existenz.
Erfreue dich an deinem Wandeln,
ein Wandeln in ewiger Wiederkehr.

„Wir leben einen Traum,
Träume leben in uns.
Wir leben in einem langen Traum,
in einem langen Schlaf
weilet das kurze Leben.
Erwachet mit neuem Mut!
Sie weilet nicht lange,
die dunkle Nacht.
Aus Dunkelheit erwacht das Licht,
freundlich der helle Morgen
wacht…“

Weitere Werke von Michalis Avramidis

„Winterhagel, die Geschichte der Kleinen Marie, Erinnerungen einer alten Dame"

Ein philosophischer Roman   ISBN 9783839123249

„Musiktheater Winterhagel- Wer ist der gute Täter? Wer ist der böse Täter? Wer ist das gute Opfer? Wer ist das böse Opfer?"

Eine Tragödie mit Musik von M. Avramidis, S. Bothur, J .S. Bach   ISBN 9783837071092

„Das Leben des sündigen Poeten, das Sterben des Edelmannes"   ISBN 9783839169629

Ein Drama mit Musik von Ludwig van Beethoven

„Männerabend, ErfogReich muss Man(n) sein"

Eine Tragikomödie   ISBN 9783839106945

„Der Kirschbaum und der Holzfäller"

Kindern erzählt man Märchen, damit sie einschlafen und Erwachsenen erzählt man Märchen, damit sie aufwachen

„Denken ist sprechen mit sich selbst, Dichten ist fühlen mit der Welt."

Eine lyrische Anthologie

„Schattenwelt"

Ein Roman